己が心を制する者はその人生を制する

鬼極めの「ナルシスト」と「お一人様」に贈る禁断の書

リカルド・オズ
Ricardo Oz

文芸社

まえがき

皆さんの周りには多くの書物があふれています。その多くの書物の中で、いわゆる有名人、タレント、さまざまな職業の人が諸論をばら撒いています。でも、皆さんが本当に満足できる書物が見つかりましたか？　今あふれている書物の多くは、時の流れと共に消え去るのです。なぜなら、物事の、人生の根本を捉《とら》えたものは本当に数少ないからです。自分がこれまでに読んだ本をちょっと振り返ってみましょう。その中で、いつまでも自分の心を捉えて離さない、または、人生を支えてきたものがいったい、いくつあるでしょうか？　ほんのわずかではないでしょうか？

つまり、この世に出回っている書物の多くはなんの役にも立たない、読んでも単なる暇潰しにすぎないのです。悠々とした時の流れに身を置く者であればそれでもよいでしょう。しかし、たかだか八十年、九十年しか、私たちはこの世に身を置けないのです。それも、うまく生き長らえてです。寿命が平均以下でしたら、そんなとるに足りない書物に身を焦がしている余裕はないはずです。人生残りわずか二十年、十年になってひどく後悔する前に、今のうちに、真に自分の人生で有効な生きるための方法を見つけましょう。

私は既存の人生幸福論、人生バラ色論、人生いかに得するかを皆さんに説く者ではありません。そんなばかげた、まったくとるに足りないモノをありがたがったり、知りたがったりするのはいい加減にやめろと言いたいのです。

また、既存の信条、宗教、哲学、人生論を全否定するものでもありません。

私は皆さんに、私の思想である、人生を謳歌するための考え方を提示し、一人でも多くの方々が真の意味で有意義な人生を味わえたらと思います。

著者

付記
私の掲げる考え方は皆さんのお考えと異なる場合が多々あると思います。それはそれで個々の人間の個性、そして異論も存在するものと考えてください。
また、かつての私は完璧なまでのナルシスト（自己愛の権化）でした。その上に、私は自分の心の変化の面白さに気がついて、半生をかけてそれが何であるか徹底的に探求してきました。ここまでやるのかという鬼のような気持ちでの心の探求でしたが、そのプロセスはきっとこの混沌とした社会に生きる皆さんの生きるためのヒントになるでしょう。

目次

己が心を制する者はその人生を制する

まえがき　3

第1章　人生を知る　あなたが挑戦する課題（人生）とは ―― 11

自分の寿命／命の不確実性／命は借り物／生と死／生老病死／人生の目標／人生の目的／成功と幸福と富と健康／精神の向上について／死を急ぐあなたに／明るく生きる／多角的に生きる／古代人の壁画／真の自分の人生

オズからのワンポイントアドバイス・第1章　22

第2章　己（自分自身）を知る　あなた自身に課題を解く鍵があります ―― 25

自分の尊さ／自分を否定する、自分を捨てる／

知らないことを恥じるべきではない／長所の中に最大の短所がある／
自分の作った罠《わな》にはまる／自他共に客観視できる／
常に自分自身と向き合う／さらなる自己研鑽

オズからのワンポイントアドバイス・第2章　32

第3章　考える術《すべ》を知る

あなたが考えるための知恵として――33

原因を考える／物事の原因と結果を客観的に観る／
人が考える際の拠り所／良いと悪いは判断基準で変わる／
善悪は宗教に依存する／言葉の精神的側面／
思考が停止しては進歩が止まる／自ら判断する術《すべ》を持つ／
自己の価値体系を創り上げる

オズからのワンポイントアドバイス・第3章　40

第4章

処世術を知る　あなたが人生を歩むための知恵として ―― 41

他人との対処法／しなさい、ねばならない／成功者の体験話／弱肉強食／恐怖心の予防対策／悲しみ、悲哀／議論の仕方／言葉の内容より気持ちを考える／真の姿を追い求める

オズからのワンポイントアドバイス・第4章　51

第5章

心を制する術《すべ》を知る　あなたがご自分の心を操縦するために ―― 53

人間の心の不安定さは何が原因なのか／心を定常状態に戻す／個別的精神状態／心の健康を保つ／成長過程での心の枷《かせ》／人間は孤独な生き物／将来への不安／心の方向性／生きるもののエネルギー／明るさがエネルギー／心の物理学／心にはポテンシャルエネルギーがある

オズからのワンポイントアドバイス・第5章　63

第6章 透徹した眼を持つ あなたが考え、行動するために ―― 65
透徹した眼は哲学・思想に勝る／個人的先入観が捨てられること／
物的欲求が極力少ないこと／思考に深みがあること／
原因を一元化しないこと／人格を鍛えること／
I (ai) のつく大事なもの
オズからのワンポイントアドバイス・第6章 70
第7章 世の中を知る あなたを取りまく環境について ―― 71
大自然、宇宙からの類推／視覚の判断が優先される／
この世は邪悪な想念で満ちあふれている／
恐怖心、残酷、残虐という想念／甘い幻想は捨てろ／
地球という星／真理の大海原／宗教の呪縛《じゅばく》／
科学の呪縛／常識の呪縛／習慣思考の呪縛／
いじめは永遠に存在する／メシア化している宗教には注意／
親子の在り方／人を判断する／高齢化問題

オズからのワンポイントアドバイス・第7章　90

第8章
人間を知る　人間と社会の理解のために　91

人間が共同で生活していくためのルール／人間の基本ルールが守られない社会は混乱する／今、何を子どもに教えるのか／人間はほとんど思考していない／なぜ、日本人は自分で考えないのか／西洋人はなぜ考えなければならないのか／人間同士が共存できる社会を目指す

オズからのワンポイントアドバイス・第8章　98

あとがき　99
追記　100
付録1／付録2　102

第1章

人生を知る

あなたが挑戦する課題（人生）とは

□自分の寿命

自分の命が永遠に続くと思っている人は誰もいないでしょう。逆に、自分の死の時期が確実に近づきつつあることを認識している人も少ないでしょう。

平成二十九年度統計では、日本人の平均寿命は男性八十一・〇九歳、女性が八十七・二六歳です。自分があと何年生きられるかは、単純にはそれから、現在の年齢を引き算すればよいのです。引き算の結果から、自分はもはや人生の半分を生きたとか、あと二十年とか、人それぞれいろんな思いがかけめぐるでしょう。

ほとんどの人が、残り少ない自分の人生にため息をつくことと思います。なぜでしょう。満足のいく、納得のいく生き方ができていないからでしょうか。それとも自分の能力を過信して、これから何かをやろうとするには短すぎると感じたからでしょうか。

皆さんはどうですか。今までの人生と同じように残りの人生を終えてしまっても平気なのでしょうか?

中には特異な方がいます。自分の寿命という概念を超えて、なおかつ、自分の能力の限界まで挑戦する人です。九十歳になってもエベレストに登ると言っている、あの有名な冒険家・三浦雄一郎さんです。

□命の不確実性

夜、これから寝て、明日の朝、目が覚める。しかし、皆さん、明日の朝必ず、命があって、目が覚めると誰が保証するのでしょうか。何の保証もないのです。たぶん、きっと今までと同じように、命があって目覚めるはずと誰もが習慣的に思っています。

人間は次の瞬間に心臓が止まって死ぬかもしれないという不確実な状態にいつもさらされているのです。しかし、誰もが習慣的に、たぶん大丈夫と思っています。いつでも次の瞬間に死が待ち受けているのにもかかわらずです。

□命は借り物

皆さんは、自分の命は自分のものと思っているでしょう。たとえ親から与えられたものとか、神から与えられたもの、または、天から授かったものだとしても、今は自分のものと認識していると思います。中には奇特な方がいて、この命、君のものとか、この命は全人類に捧げるとか、この命は天の神様に捧げるとかお考えになっておられるかもしれません。さまざまな考え方があると思いますが、生命は与えられたもの、だから自分のもの、と普通考えます。

しかし私は、命は借り物と考えています。なぜなら、貸し主（神様、または仏様、宇宙の意識、何でも皆さんの信じるものでかまいません）の都合で、有無《うむ》を言わさず、返却に応じなければならないからです。

□生と死

〝生きるも死ぬも天の定め〟
〝生きているほうが死ぬよりつらい〟

どの映画の何という曲だったか忘れてしまいましたが、ある香港映画の挿入歌の言葉です。

これは、苦労の多い人生を送っている人にとってそのとおりと同感する言葉です。苦しんでいるときには、死んだら楽になれると誰しも思うのです。

□生老病死

生老病死について何も思いわずらう必要はないのです。自分の一番大事な命が終わる「死」は、自分ではどうにもならないからです。それに比べれば、「生」の苦痛、病気、老いごときものに悩まされるのは大した問題ではありません。一番重要なのはご自分の命なのです。

□人生の目標

皆さんが思うご自分の理想像はどんな人物でしょうか？　それは、心の綺麗な人ですか、みんなから尊敬される人でしょうか、それとも、みんなから愛される人でしょうか？　もし、ご自分の理想像があるのなら、一度心にしたためた後は、そんな気持ちを捨てましょう。それが本当の自分の人生の目標を持つ第一歩です。人と比較してはいけません。ただし、自分が良いと思ったことはそうなるように努力しなければなりません。これが、こういう目標の獲得のむずかしいところです。

なぜむずかしいかと言えば、邪念が湧いてくるのです。自分の名誉のためか、またはそのことで自分の利益になることを優先してしまい、本来あった純粋な気持ちに濁りが出るのです。

どうしてか。それは、人間は弱いからです。それでも、その目標があるのなら、日々精進してください。

□人生の目的

私たちの人生の目的は何でしょうか？　損せず、得をすること。これだけが人生の目的というわけではないでしょう。しかし、皆さん、ご自身の行動、心理状況を深く探求していくと、これは得した、楽してもうかった。これは損した、苦労して損した。そんなことばかりなのではないでしょうか？

心の糧も飯の糧も、精神的にも肉体的にも、人間の考えはすべて損得、良い人生を送りたい、しあわせな人生を送りたい。心であれ、物質であれ、すべて、損得なのです。その違いは心であるか金銭などの物質であるかだけであって、どちらも自分の利益にほかならないのです。

□成功と幸福と富と健康

人間の欲しいと思うものは成功と幸福と富と健康でしょうか。これらについては本来その人の家庭環境やその人の性格・体質・能力に応じ、過去から将来にかけて分相応に与えられているものではないかと思います。

また、ほかの人にあって自分にないからといって欲しがる気持ち、行為に関して、私はどうこういうつもりはありません。ただ、そのモノがあるから、たくさんあるからすばらしいとか、ないからだめというようなことは、けっしてないと思います。

□精神の向上について

物質的な宝である成功、幸福、富、健康とは対照的に考えられてきた精神レベル（霊格）の向上などの霊的な宝が、すべて善とは言えないのです。なぜなら、人間の欲する宝であるがゆえに、その有無、量によって、人間同士の優越感、劣等感が、また、差別が生まれてしまうからです。

例えば、こんなふうに考えてみましょう。

霊的な宝として「徳」というものがあります。

「徳を積んでえらいお坊さんになりたい」という思いが浮かんで行動したとします。ここで、えらいお坊さんになりたいがために徳を積む、この心の中に人間の欲があることに気がつきませんか。

真に徳を積むことを目指すとすれば、えらいお坊さんの「えらい」は不要なはずです。「えらい」には、己を高しとするうぬぼれが見え隠れするのです。うぬぼれの心に徳はあるのでしょうか。

□死を急ぐあなたに

ついこの間、かつての会社の同僚が自殺しました。彼は三十八歳、独身でした。ここに彼のご両親が書いた挨拶の言葉があります。

「幼かった○○（彼の名前）とともに自宅の近所を歩いたり、キャッチボールをしたりした日々が、今、あらためて思い出されます。だれにでも思いやりを欠かさない、やさしい子でした。

このように、にわかに別れの日が来るとは思いもよらぬことで、私も家内も深い悲しみに打ちひしがれております」

死を選んだ彼の真意は未だわかりませんが、どうして、少しでも話をしてくれなかったのだろうと友人たちと話しました。どうして自分を追いつめてしまう前に相談してくれなかったのでしょうか。否、相談してくれなくても、最後の選択肢である死を選ぶ前に、彼ができることってほかにたくさんあったのではないでしょうか。

□明るく生きる

ある地方新聞に載っていた言葉に私は感動しました。それは、大変素敵な言葉でした。一つはある方からの投書でした。

「明るいのが一番。仕事があって健康なら感謝しなくちゃ。必ずいいことがあるわよ。だから泣いちゃだめだよ」

私なりにその内容を解釈すれば、「肝心なのは明るい気持ちでいられること。仕事があり、健康ならもう十分です。感謝の気持ちは自然にわいてきます。悲しみは一時《いっとき》、喜びはきっと訪れます」ということです。

もう一つは、ある人物の言葉です。

「憂《う》きことのなおこの上につもれかし限りある身の力ためさん」

（山中鹿介、もしくは熊沢蕃山）

「憂きこと」とは、心を悩ます、つらいことです。人生の理由や、自分の生きる道がわからなくなったり、悪いことに悪いことが重なってどうしようもなくなったりしたとき、なんとかなるさ、なんとかできるという勇気を与えてくれる言葉です。

□多角的に生きる

先ほど触れた私の友人のように、自殺する人の人口が年々増えてきているそうです。ご本人にとってはやむにやまれぬ思いにより、命を絶たざるを得なかったのでしょう。

そうなってしまった原因の一つには、ほかに選択肢がないと思い込んでしまったということが言えます。また、精神的に閉塞した視野に追い込まれてしまうとも言われています。

私は今さまざまなことで悩んでいる人々に、一つの解決方法を提案します。それは多角的に生きるということです。

これは、これだけじゃないのだ。あれも、これも、それも、どれでもいいのだ、と気持ちを広く大きく、堅くではなく柔軟に持つことです。選択肢はたくさんあるのです。選択肢の多様化が、私が提案する自殺回避の一案です。

□古代人の壁画

私の手元に、ある地方都市で開かれた展示会のパンフレットがあります。その名は「エトルスク展」、そこには古代の壁画の写真が載っています。

その壁画には古代人が笛を吹いたり、拳闘をしたりしている様子が描かれています。しかし、そういうふうに見えるだけで、本当は何をしているのかわからないのです。

私の言いたいのは、何千年も経《た》ってしまえば、その時の人々の気持ちはわからなくなってしまうのではないかということです。つまり、時を経《へ》てしまえば私たちのしたことや、残したことは跡形もなくなっていくということです。

◻ 真の自分の人生

現代人の幸せとはなんでしょうか？

テレビに出る有名人、タレントのまねをしたいという人が多いと思います。テレビの普及により、送信者側の価値観・価値体系の植え付け・洗脳により、流行が生まれ、大衆はすべて、みんなと同じようにしか考えられなくなるのです。一億二千万人総白痴化。みんなそのことをわかっていながら、毎日テレビを観ているのです。

人は誰でも、自分がよかれと思ったことに従い、行動しています。この行動の帰結は明白なのです。自分が考えて行動したことに対して、その責任は自らがとらざるを得ないのです。

果たしてそこに本当の自分はいるのでしょうか？　知らぬ間にメディアや流行などその

他大勢の人々に左右されて、知らぬ間に構築された、自分のものとは違う、偽りの価値観で生きているにすぎないのではないでしょうか。

自分の人生を知ること、そしてあなたが挑戦する課題（人生）とは、ものごとを多角的に見て、他人に左右されず、自分本来の良いところも悪いところも素直に認め、ありのままの自分を大切にするところから見えてくるものです。

その上で自分らしく考え、

「最低限、こう生きられれば自分はいつ死んでもいい」

と言える生き方をすることです。

オズからのワンポイントアドバイス・第1章

一、残念ながら既に終わりが決まっている人生、生きられる期間には限界がある。

二、期限付きであり、終わりの死がいつ来るかわからないのが人生である。

三、一と二がわかったら、むずかしいかもしれないが、できるだけ明るく生きることに尽きる。

四、補足するとすれば、熟慮すべきことは、刻々と過ぎていく今現在の自分のあり方と共に、両極となる将来の姿、例えば、古代の壁画のたとえのように、百年後、どう自分がこの世界に残っているかということ。

五、承認要求の強い人間は、この人生を無名のまま終わることも覚悟して、自分のやりたいことをやって、今生を少なくとも業《カルマ》の清算のために生きたんだと満足して終わるべきでしょう。以《もっ》て瞑《めい》すべしと。

第2章

己（自分自身）を知る

あなた自身に課題を解く鍵があります

□自分の尊さ

私たち一人一人が、かけがえのない生命を持った人間です。皆さんは小さい頃から、「自分自身を大切にしなさい」と親や教師から言われてきたと思います。また、「自分が納得しなければ何もするな」とも教えられてきたはずです。

それ以上に、自分のことは自分が一番よく知っていて、周りの人がどう言おうと、自分の心や体が動かない限り、他人の指図は受けられないものです。考えたり、感動したり、行動したりする自分があり、この世の中に存在していることを実感するから、自分は生きている、人生はすばらしいと誰もが感じているのですね。

このように自分というものは大切なものなのですが、私は、そこを踏まえたならば、もう一歩深く考えてみることを提案します。

□自分を否定する、自分を捨てる

私は、「この尊い自分を捨てろ」と言います。もちろん、それにはタイミングがあり、それを外したら、なんの意味もない、ただの自滅になります。そうではなくて、尊い自分を守るために、自滅を避けるために、虚栄に満ちた偽りの自分を捨てるのです。

1. 特定の信条、教条、習慣にこだわり自説に固執する。
2. 意見が異なって、他人から否定されたことに対して、感情的になる。
3. いつまでも一定の物事に心が執着している。

これらの状態はすべて自己、自分を捨てきれないために起こる症状です。では、なぜ、これらが自滅行為であり、無駄なことで、自分を守るためには逆に損をすることになるのでしょうか？

1. 心の平常が保たれない。
2. 自己増幅した感情が肉体に悪影響を及ぼす。
3. そのことにこだわり、ほかの重要なことがおろそかになる。

以上のことにより、ときには自分を捨てることが、自分を守るために必要なのです。

□知らないことを恥じるべきではない

ソクラテスの有名な言葉を皆さんはご存知ですか？　それは、「無知の知」というものです。「自分自身何もわかっていないということを認識しなさい」ということです。

そして、知らないことを恥じるべきではありません。誰しもその方の置かれた状況において知らずにいたことが必ずあるのです。知らない人をばかにすることは無意味です。誰にでも知らないことはあるのです。たまたまそのことについて今までに情報が入らなかったのです。また、知らないからといってばかにされたと思うこともないのです。

もう一つ言えば、人間はこの広大な自然や、地球、宇宙すべての何パーセントを理解しているのでしょう。多く見積もって数パーセントでしょう。あの万有引力を解明した偉大なニュートンでさえ、われわれ人間は大海原の海辺で砂いじりをしている子どもにすぎないと言っているのです。

すべての人間は、この世界も、人間社会も、それどころか、自分のことさえもわからないということです。何一つ理解できないのです。たとえ、何かわかったといっても、たかが知れているのです。

簡単な事例として、あなたが先ほど食べた食事が今どうなっているか、どうやって消化されているか、自分の体のことを説明できますか。また、今呼吸していることと、そのときにどう自分の臓器同士が連携して肉体を生かすために働いているかということを理解していますか。医者であっても、それらすべては解明できないでしょう。

科学技術や医学は、日進月歩で進んではいますが、人間に夢や希望があることが、今もこの世界に未知の領域がある証拠です。

□長所の中に最大の短所がある

こんなことを言えば皆さんは驚かれるでしょう。長所は伸ばすものとして単に増大させればよいと考えられてきました。長所は有利な点ということで見過ごされてきたのです。

しかし、実はその長所の中にこそ最大の短所、弱点があるのです。

なぜなら、その長所が有効に機能する状況は限られた条件に拘束される場合であり、どんな場面でも有効に機能するとは限らないのです。つまり、さまざまな場面でちょうどよいという長所は少ないのです。

ゆえに、長所はただ単に伸ばすのではなく、精練していかなければ、よもやの命取りになり兼ねないのです。

□自分の作った罠《わな》にはまる

秩序立てて考えて自分なりの理論を作っても、筋は通っているが、現実の世の中は多岐にわたっているので、その理論は人間と社会に十分対応できないことが間々あります。それに、理論を作った自分でさえ十分にコントロールできないのだから、そう簡単には論理に合わないのが通常なのです。

自分の作った理論が足枷《あしかせ》となり、身動きできなくなるのです。ひどいときには罠《わな》になるのです。行動の自由奔放さでは身を崩し、思考があまりに自由奔放であれば精神錯乱になりかねません。理論が高じると理想主義に陥り、血の通った人間にはなじまないでしょう。行き着くところは中道か中庸となるのです。これはまた、「バランスの取れた……」ということになるのですが、バランスの取れたということは逆に、はっきりしたスジを持っていないということになります。このように、人間は一筋縄ではいかないものなのです。

□自他共に客観視できる

自分で考え、試行錯誤し、物事の判断ができるようになると、周りの人々がなんと習慣や誰かの発言にこだわっていることか、自分の考えを持たない、自分で考えようとしない、その人自身が存在していないのではないかということがよくわかるようになります。そして、それを見ている自分自身さえ、同じようにしっかり自分の頭で考えていないことがわかるようになります。自分と他人の区別なく、冷静に客観視できるようになるのです。

□常に自分自身と向き合う

自分自身と向き合うとは、自分が築き上げてきた価値観をもう一度見直すということです。その価値観はあまりに自分と深く関わっていて、簡単に捨てることや覆すことはできません。自分の価値観を捨てることは辛く、自己を否定することになります。いわゆるメンツがなくなるというものです。

しかし、それが間違っているときには、自己否定しなければならないのです。それは、ほかならぬ自分のためです。

□さらなる自己研鑽

己（自分自身）を知るには、今まで周りの人から言われている、または自分が自覚している長所と短所を含めて、自分のどのような考え方からその行動に移るか分析します。自分の持つ思考と行動の蓄積、行動規範というべきもの、これが自分の価値観、価値体系です。

何年か時を経たら、これらが自分の人生にとって、本当に大切なものなのか、もう一度吟味します。必要なら残し、不要なら捨てます。改善をするべきであるとしたら、改善していき、自分の人生をさらに有意義なものに変えていきます。その価値観、価値体系は定期的に見直しをすると、さらに効果的に作用します。

オズからのワンポイントアドバイス・第2章

一、まず、自分を大切にしましょう。自己嫌悪に陥っている人には、自立・自衛のために、自分の命を守るために、わがままをよしとする方法があります。

二、2章は、その自己嫌悪から脱け出せていることが前提条件になります。

三、自分のわがままの内容が理解できてきたら、自分のわがままが自分のどこから出て来るのか、その原因を分析しましょう。

四、それ以降は、さらに自分のあるべき理想像に向かって精進の積み重ねをすると、さらによくなります。

第3章

考える術《すべ》を知る

あなたが考えるための知恵として

□原因を考える

ある物事が発生したら、その原因はなんだったのだろうと考えます。その際の注意事項はどんなことでしょうか？　私は次のことを提案します。

1．原因を特定化しない。

人は一般的に原因を特定化しやすいものです。こうなったのはこのためだと簡単に決めつけてしまいます。すべて、短絡的に考えずに柔軟に考えましょう。でないと、重要なことを見落としてしまうことがあるのです。

2．先入観を捨てる。

過去の事例は参考にするが、考えの邪魔にならない程度にしましょう。新鮮な気持ち、純粋な感覚を大切にしましょう。

3．重層思考、複雑思考を行う。

仮に一旦結論が得られたにしても、別の考え方から見直してみましょう。また、立場の違う人であったらどう考えるかシミュレーションしてみると良い考えが浮かぶものです。

社会人の皆さんでしたら、自分の上司であったなら、自分が社長であったならどう考えるか推測してみるのがよいでしょう。

□物事の原因と結果を客観的に観る

物事の原因と結果を客観的に観るためにはどうしたらよいのでしょう。そのためには、自分自身が持つ色眼鏡、フィルター、先入観、慣習、習慣的想念から離れることです。自分の言葉で綴ること自体、自分自身がこれまで培った経験や思考の蓄積であり、固有のものです。その時点で客観性から離れやすく、自分というバイアス、つまり偏見に満ちているのです。

□人が考える際の拠り所

人が考える際の拠り所はなんでしょうか？　自分の体験、自分の信奉する宗教の教条、親から聞いたことなどによって考えると言えます。ほかに昔の格言や諺《ことわざ》から、語源や辞書から、哲学者の言葉からなどさまざまです。

考えるネタとして何を根拠としてベースに持ち、そこからどう思考するかということになります。そのネタは多いほうがよいのか、それとも、少なくとも深掘りしたもののほうがよいのか。いずれにせよ、思考のスタート地点です。

□良いと悪いは判断基準で変わる

皆さんの小さい頃はどうでしたか？「この子は良い子だね」とか、「なんてこの子は悪い子だろう」とか、小さい頃から、何度も言われてきたのではないでしょうか？ 皆さんの誰もが大人になるにつれて漠然と何が良い、何が悪いかをつかんできたかと思います。でも、今では、そのことが本当に良かったのか、本当に悪かったのか、いくつか疑問のところがあるのではないでしょうか？

「悪い子だね」と怒られたけど、それは親自身の保身であったり、よく考えれば親よりも自分のほうが正しかった、または、やはりそのとおりだったと言えることが多々あると思います。逆に、良い子だと言われていたとしても安心せずに、客観的に本当に良かったのか再度考えることも必要です。それは、親の見方と子どもの見方、それ自体どちらもが独立して存在しているもので、相容《あいい》れないところを持つからです。

この世の中には親子関係以外にも、夫婦、兄弟、友人、上司と部下というように、人間同士の関係は無数にあり、その時々に、この場合はこれが正しい、いやこれだ、いや、こちらだと、それぞれの事柄に是非が問われているのです。主従関係があり、主に従う場合が多いのかもしれません。でも、それぞれの場合によってその是非が変わることがあるのはわかっていただけると思います。

□善悪は宗教に依存する

善悪という場合、宗教的色彩が強くなり、キリスト教、仏教、神道、さまざまな宗教の教義によってその善悪が判断されます。あえて私が述べるまでもなく、各宗教でその善悪ががらりと変わってしまうことは歴然としています。そこには良い悪い以上の差があるのです。

そして、多くの宗教が共存していることが善であるはずです。それなのに自宗は善であり、他宗は悪とする宗教があります。そのこと自体が疑問です。果たしてそれは宗教なのか。その場合、まさに善と悪が入れ替わっています。

□言葉の精神的側面

言葉はその使われる状況が決まっています。言葉はそれが持つ物理的側面と精神的側面に分けられます。人間の使うモノゆえ、人間の気持ち、精神、心情などメンタル面も入ります。よって、物理的側面は同じでも、精神的側面は異なるものがあります。例えば、「執着」という言葉と「集中」という言葉の物理的側面は、自分と対象物の接触の持続ですが、精神的側面が反対です。

「執着」という言葉の精神的側面は悪く、否定的ですが、「集中」の精神的側面は、良く、肯定的です。物事を深く考えるようになると、現在使われている言葉の精神的側面の意味について懐疑が生まれてくるのです。

□思考が停止しては進歩が止まる

思考停止がなぜ悪いのでしょうか。人間は思考するものです。思考しなくなったら、人間ではない。思考しなくなったら進歩が止まるのです。

思考するということは基本的な人間の行動です。また、人間が他の動物と異なるところです。私は、「思考する動物＝人間＝進歩する動物」というふうに考えています。

思考と人間と進歩という三つの言葉は、同程度の意味を持っているのではないでしょうか？　人間が思考しなくなったら、または、人間が進歩しなくなったら、人間という存在を返上しなければならないのではないでしょうか？

皆さんも、ご自分が果たして常に考えているか、見つめなおしてみませんか？

近年の動物行動学や動物心理学の研究では、動物も思考する、心を持つ、感情を持つことがわかってきたそうです。タコ、ヨウム（大型インコの一種）、カラス、犬など。ダンゴムシにも心があると言う学者までいるとか。でも、思考しない人間だとすると、ダンゴムシ程度になってしまいますよ。

◻自ら判断する術《すべ》を持つ

この世は基本的に、何もわからない世界ではないでしょうか？　自らがわからないからほかの人もわからないと考えるのは間違いですが、大多数の人々はこの世の中についてよくわかっていないと言えます。

少数の賢明な人や神と話ができる人は、この世の中はこれこれこういうものだと教えてくれます。彼らにはこの世の中のことがよくわかるようです。

ならば凡人で、何の能力もない、優秀な教師の得られない私たちは、今ある現状の中から何かを見出すことしかできないのです。

いろいろ教えてくれる自分の信心する教祖や神に通じている人の話を信じるのもよいでしょう。しかし、人間として生まれてきたならば、まずは自ら判断する術《すべ》を持ってみませんか？

□自己の価値体系を創り上げる

物事や自分を含めた人間の心の分析ができるようになると、既存でない自分自身の価値観を複数作れるようになります。それは自分自身の宗教であり、哲学であり、価値体系です。

それはすばらしい自分自身の人生の資産です。もちろん、他人が見てすべて受け入れられるものではないかもしれません。そこは謙虚でいて、他人に強いるべきものではないことをわきまえなければならないと思います。

オズからのワンポイントアドバイス・第3章

自分の行動にもこの世の中の出来事にも何らかの原因があり、それがもとになって人間の行動や、社会や自然の現象となって表に出てきます。
なぜそうなるのかという問いを常に持つこと。それが賢い人間になる一歩です。

第4章

処世術を知る

あなたが人生を歩むための知恵として

□他人との対処法

相手が自分とどういう関係であるかによって、その対処法は変わります。特に親密な場合、夫婦、恋人、親子、兄弟の関係では自分のわがまま、利己意識が多く表現されてしまい、最も親しい間柄では自分と他人との区別がなくなってしまいがちです。

逆に、友人、仕事仲間、同僚、知人、あまり面識のない人という具合に親密度が減少していくと、自分との区別がはっきりしてきます。

友好的な関係では問題はありませんが、そうでない場合、つまり、考え方、思想、宗教、信条が異なった人間同士では話が合わないし、一方の人間の好むことが他方の嫌悪となり、また、一方の善が他方の悪となります。その場合の処方として、私は三無（ナイ）運動というものを提案します。

1. 関わらない。
2. 話をしない。
3. 近寄らない。

そのような場合、同じ共同体では共存はしても理解は得られないでしょう。互いに同じ場所で強制されるより、どちらかが去る必要があるかもしれません。

もちろん、これは最後の選択です。

仕事だからと割り切って協力し合う。我慢できる範囲で、その共同体で過ごすことは必要です。職場でも会社でも学校でも、どこでもそりの合わない者同士というものは存在し、それを克服することは人間形成の上で重要なことです。

しかし、苦痛を感じるようでしたら、また、生命の危険にさらされるようでしたら、潔く離別するのも人生の一つの決断です。

補足というより、最も重要なこととして、三無運動は介護や看護の、またボランティア、福祉の世界ではネグレクト（放棄、怠慢）であり、あり得ないことについて述べます。自己の生命が危うい状態に陥らないという条件が満たされるなら不要ですし、逆に積極的に他人と関わる必要があります。

◻しなさい、ねばならない

皆さんもこれまでに、人生の指針を与える書物や自分より上に立つ人物から、「……しなさい」、「……しなければならない」などという具合に何度も言い聞かされてきたものと思います。対処する物事が、自分の力の範囲内であるときには、大変ありがたい言葉であります。しかし、それが自分の力の及ばぬものであるときには、どれほど苦痛であったか。皆さん、そう思いませんでしたか？

この見極めは大変むずかしく、どこまで受け入れるか、排除するか、一概に言えないものです。自分がその苦痛に耐えられなくなったらそんな言葉は潔く捨て去るのが賢明、と私は思います。

□成功者の体験話

困難や苦労の中から立ち上がり、大成功や栄光をおさめた人物の体験談は心を打ち、感動を呼び起こすものです。しかしだからといって、誰もが同じ苦労をしたとしても、同じような栄光を勝ち得ることができるわけではないのです。

つまり、彼らの行いは大変まれな場合であり、万が一に起こることと割りきって考えなければならないと思います。逆を言えば、彼らはなんと偶然にも幸運だったか、ということなのです。彼らはその行為が報われたのです。皆さんが同等の苦労をしても、報われることはまれであると思って差し支えないのです。

弱肉強食

綺麗な心、美しい心、清い心、これらがこの世界では育たないのでしょうか？

残念ですが、私はそのとおりであると言わなければなりません。そんな状態でいたら、邪悪な者にひとたまりもなく、餌食《えじき》にされてしまいます。悲しいことですが、この地球ではそれは当たり前のことなのです。

ですから、慈悲とか思いやりは大切で大事なことですが、相手が心清ければその慈悲や思いやりは報われるのですが、ときとして逆に被害を被《こうむ》ったり恩をあだで返されたりすることがあることを肝に銘じていてください。

さらに言えば、この世で優しさと美しい心、清い心を保てる人は、よほどの強い精神力を持った人物です。生半可《なまはんか》な気持ちではできないことなのです。

恐怖心の予防対策

命、財産、肉体、地位、名誉、メンツ、精神、すべて安泰であり、日々を楽しく面白く過ごせればよいと人は考えます。

しかし、心も体も、地位も名誉も財産も不安定なものであり、人はそれらを失うことに対して恐怖に脅えざるを得ないのです。
私は恐怖心の予防対策として、次の六つを提言しましょう。

1. 右記の諸要素の不安定さに無感覚となる。
2. 忘却。忘れてしまえば、なんの恐怖もなくなる。
3. 恐怖心さえ忘れる。
4. 恐怖を感じない、感情を持たない人間となる(ただしほどほどに。極端は危険)。
5. 恐怖を感じてもかまわないと常に思っている。
6. 自分の恐怖の元である命、財産、肉体、地位、名誉、メンツ、精神などの価値への執着をすべて捨てる。

皆さんもチャレンジして、一つでも身につけてみてはいかがでしょうか。

若干の極論であることは否めませんが、ここで必要且つ重要なことは、恐怖の本質とはいったい何かという疑問を持つことと、どうしたら安泰に生きられるか考えることです。対策は各人が自分のレベルに合わせて考えればよいでしょう。

□悲しみ、悲哀

人生にはいくたびか愛する者との別れ、肉親との別れ、兄弟姉妹との別れ、愛玩動物との別れなどがあり、離別に生じる悲しみや、いつもあるものがないときの不安な気持ちを味わうものです。

この不安な気持ちがなぜ、恐怖とならず、悲哀、悲しみとなるのでしょうか？　また、この不安な気持ちは、楽しみ、快楽とはなりません、絶対に。それなら、それはどうしてでしょう。もっとも、そんな気持ちが快楽となったら、性格異常と思われますが。

人間は基本的な感情の流れをどこかで学習したのですね。今までの人類の進化の中で遺伝的に、でしょうか？　それとも、子どものときから親が育てる中で学習させたのでしょうか？

どちらかわかりませんが、確かに、子どもをあやしている親が子どもに感情の出し方を教えています。怪我した動物に対してかわいそうねとか、その動物が元気になったら、よかったねとか学習させています。これは、生まれたばかりの子どもに対して、親は自分と同じように心を通わせるためによく行っていることです。この感情の発露の習得の結果が、私たちの気持ちの根源と考えられます。

□議論の仕方

議論の仕方について、問題提起したいと思います。それは、議論の内容よりも、議論を行っている人物の心のあり方のほうが問題であるということです。簡単に言えば、その人物の心理が表面に出てしまうのです。それが明らかになると本人にとっては大変恥ずかしいこともあるのです。皆さんにはそんな経験はありませんか？　中には攻撃的で、議論を行っているのか、感情にまかせて単に怒っているのかわからない人もいます。

基本的に一つの論は他の論と相容れないのです。一つの論は、限定された条件下で成立するものです。一番良い例は理科の実験です。条件がそろえば同じ結果が得られますが、条件がそろわなければ別の結果となるのは当然です。

それを、ああだ、こうだ言うのでしたら、無意味、無駄、ばからしいことです。巷《ちまた》では共通項を見出すよりは、いかに違うか、異なるかを言い争っています。皆さんはそんな人たちの仲間に加わりたいと思いますか？

精神が排他的であり、さながら好んで対立するような好戦的な生き物なのです、この世の人々は。同じものを別の方向から見ているだけなのに、ですよ。

□言葉の内容より気持ちを考える

意見や言葉の内容よりは、どういう気持ちからその発言が出たのかを考えてみましょう。

一人の人が発言したとします。普通、皆さんはまず、その発言の内容を考えるでしょう。次に、その人の気持ちを考えてみましょう。ある人に好意を寄せているのかもしれません。逆に、敵意を持っているのかもしれません。また、立場上、そう言わざるを得ない人もいます。

どうして、私がこんなことを言うのかといえば、人間は筋道を立てて考えているようでいて、感情や感覚に流されやすいからです。そして、発言内容を深く分析していくと、そこにあるのは、筋の通った論理ではなく、喜怒哀楽の人間感情しか残っていないことがわかってきたからです。

言葉よりも、そこに流れる気持ちです。意見の意味を調べても答えは出てきません。気持ちのほうを考えて見てみましょう。新たな発見があるものです。よくあるのは図星となったために、意図的に反対のことを言うことです。

□真の姿を追い求める

心の動きを知ること。それは、物事を深く考えるためには重要なことです。人の意見の内容を深く分析していくためには、その人の心情まで解析しなければならないのは当然のことです。簡単に言えば、意見は仮の部分、その心は真の部分なのです。

私は言葉よりも心の内容、それのほうが大事、重要と考えます。なぜなら、言葉は外側、心は内側。本物・本質は内側、心にあるのです。

例えば、AとBの二つのりんごがここにあるとします。Aのほうは、外側はあまり見栄えは良くない。しかし、内側は甘い蜜が多い。一方、Bの外側は真っ赤でおいしそうに見えるが、その内側はすかすかで、水分が少ない。

これは一例ですが、この世のあらゆる事象を理解するには、表の仮の姿に惑わされず、真の姿を追い求める必要があるのです。

オズからのワンポイントアドバイス・第4章

討論や話し合いの場合、十人十色であり、異論、反論、違う意見は必ず存在します。ある程度の議論が続いて対立する意見となり、お互いの感情のほうが強く出てきたようなら、それ以上の議論は止め、必要なら採決して別の話題に移りましょう。切り替えのコツを身につけると、場の雰囲気が壊れなくて済みます。

第5章

心を制する術《すべ》を知る

あなたがご自分の心を操縦するために

□人間の心の不安定さは何が原因なのか

人間の心を支配しているものは何でしょうか？　人間の心を操っているものは何でしょうか？　人間は何を基に判断し行動しているのでしょうか？

ただ、その支配力が何であれ、操っているモノが何だとしても、私がみるところ、その判断基準が明確であったとしても、人間は感覚的で、衝動的で、非論理的に変わるときがあります。ほとんどの人間がそうです。厳格な宗教信者ならともかく。

それはなぜか。人間が肉体というものを抱えているために、精神や心というものだけが独立して判断しているのではないため、生じる現象と考えられます。つまり、論理的に判断する場合には肉体が正常に機能していないとぐらつきやすい点があります。健全な肉体から明晰な判断力が生まれるのだと思います。

□心を定常状態に戻す

皆さんは仕事や家庭のことが忙しくて、それが終わったときにホッとした経験がおありかと思います。その忙しい最中は、いろいろなことに振り回されて、心が落ち着かない状態であったと思いませんか？

外界の情報により、心と精神状態は別のレベルにあり、心はすさんだ状態にあります。その人間の心は大変不安定な状態と言えます。よって、冷静な、定常状態に戻す必要が出てきます。

それは、外界からの情報過多の状態が精神、肉体に良くない影響を及ぼすからです。人間の精神と肉体とは密接な関係があり、どちらかが独立して存在することはできず、四六時中、互いに影響を及ぼし合っているのです。誰もこれには反論できないでしょう。それは、誰もが常に感じていることだからです。

□個別的精神状態

一人一人には個性があるように、個人個人それぞれの精神状態には個性があるのだと思います。ここではそれを個別的精神状態と呼ぶことにします。

人間それぞれベストの状態、定常状態があり、それは人それぞれ、異なるはずです。ならば、どの人間のどの状態も認められ、非難されるべきではないでしょう。もちろんそれは一定のルールの中においてですが。そのルールとは、他人に迷惑を及ぼさないことと言ってよいでしょう。

個性に対する理解が必要であると同様に、個別の精神状態に対しても同様な理解が必要と思います。

心の健康を保つ

心を平常に保つのに一番いい方法は、ちゃらんぽらんな気持ちでいることです。無節操で、優柔不断、日和見主義、何にもこだわらない、筋のない、一見して、いい加減にみえるこの心の状態が、精神の最良の状態を作り出すのです。ときとして人間は、それまでの考え方から外れた、この精神を必要とするのです。

簡単に言えば、現実社会では人間は多くのルール、規則、決まりごとに拘束されています。仕事をしているときや普段の生活で、ふと息苦しさを感じたことはありませんか？この息苦しさに人間の心は常に締め付けられているのです。だから、その締め付けを緩めるためには、一時的に、何にもとらわれない心の状態が必要なのです。

成長過程での心の枷《かせ》

現代でも古代でも人間を支配してきたのは、何もその国の制度や主義、慣習、しきたりばかりではありません。その時代の社会に適応できるように、親から教師から、所属する職場や社会から、さまざまなことを教えられます。それは確かに、それ自体大変重要なものではありますが、それにより、私たちは蟻地獄のような袋小路に追いやられ、あげくの果てには身動きを失い、失速墜落、自暴自棄、自殺にまで至ってしまうことがあるのです。そうさせてしまうモノ、つまり原因は、外界から強制的に強いられた心の枷《かせ》なのです。

これは如何ともしがたく成長の過程で躾《しつけ》られたものであり、今さら簡単に書き換えられないROMのようなものです。物心がつき、自分のことを考えられるようになり、世の中のことを理解できるようになったのなら、その心の枷《かせ》を少しずつ外し、心の自由を獲得しましょう。

人間は孤独な生き物

一人よがりでいい。
ひとりだから。
生まれてきたのはひとり。
死んでいくのもひとり。
いつだって、ひとりじゃなかったか。
（筆者作）

人間は所詮、孤独な生き物ではないでしょうか？　自分には愛する人もいる。子どももいる。自分のことをよくわかってくれる友人もいる――というふうに、けっして自分は孤独ではないという方もいらっしゃるかとは思いますが、本当に相手の方々はわかってくれているのでしょうか？　きちっと受け答えをしてくれるからといって、わかってくれているると勝手にあなたが判断しているだけではありませんか？　疑うわけではありませんが、冷静に考えてみるのも良いことだと思います。

将来への不安

皆さんにもこんな経験はありませんか？　体の調子の悪いときや気が滅入《めい》っているときは、これから先どうなるだろう、このまま、うまくやれるだろうか、絶対駄目になるんじゃないかと、悪いほうへ、悪いほうへと考えてしまうことはないでしょうか？　ときによっては良いように、良いようにと考えてしまうのにです。例えば、宝くじを買うときは夢が広がります。もし当たったらこれを買ってあれも買って、あとは世界一周か、すごい！　と良いほうに考えてしまいます。また、本当に当たったらその驚きたるや普通の風邪なら吹き飛ばしてしまうでしょう。

さて、何がこの心の方向の変化をもたらすのでしょうか？　心の方向の変化、これをうまく使えたなら、どんなにすばらしいことでしょう？　もう悩むことなんかなくなってしまい、いつだって晴れ晴れとした気持ちでいられるのではないでしょうか？　その心の方向の変化を、どううまく使ったらよいのでしょうか？　無理せずして、このように明るい方向に考えられたらすばらしいと思います。

□心の方向性

心のあり方よりは心の方向性が大事ではないかと思うのです。どちらかというと「あり方」はその位置のことです。そして、「方向性」とは、その位置は問いません。その置かれている位置から、どちらに向かおうとしているかを重要とします。

どちらを向いているか、前向きなのか後ろ向きなのか、明るい方向に向かおうとしているのか、暗い方向に向かおうとしているのかを問題とします。私はできる限り、前向きと明るい方向を目指すことを提案します。

なぜ前向きが良いのか、また、明るい方向に向かおうとするのが良いのでしょうか？　論理的にそれが良いと言えるのでしょうか？　いいえ、それは論理や良い悪いではなく、そこに生命の生命たるゆえんがあるのだと思います。

□生きるもののエネルギー

この地球に生きるものは、自分とは別の生き物を食べて生きています。それは自分より体の小さいものであったり、弱いものであったり、さまざまです。霞《かすみ》を食べて生きられる仙人ならともかく、三次元に生きて肉体を持つものは、何らかの生き物を食さなければ生きていけないのは当然のことです。ある生物の生とは、別の生物の死により成り立っているのが現実です。よって、生物のエネルギーとは、他の生物そのものなのです。

人間の場合、食物は確かに肉体を保つためのエネルギーになりますが、それだけではなくて、精神を活性化するためには、明るい気持ちとか元気な気持ちが必要です。

□明るさがエネルギー

私が思うに、明るい気持ちは人を元気づけるエネルギーではないかと考えられるのです。

逆に、沈んでいるときには何もかもやる気がなく、エネルギーが足りない状態です。何か体が凍っているようで、息をしているのかどうかもわかりません。動作はほとんどなく、暗い、あたかも影の状態の物体のようです。生命の力強さは感じられません。生命のエネルギーを失っている状態です。

明るいときのほかには楽しいとき、面白おかしくて笑っているとき、このようなときは、熱気というか、体温が上がって、生命力がみなぎるような感じがします。このようなときを皆さんは経験したことはありませんか。

明るい気持ちのときは何にでもチャレンジしようという気迫に満ちあふれています。こんな状態には多くのエネルギーがあるのだと考えられます。

□心の物理学

心の変化は、物理学でのエネルギーの公式と大変よく似ています。

●アインシュタインのエネルギーの公式

E＝M×Cの２乗

エネルギー＝質量×(光の速度)の２乗

●筆者の心のエネルギーの公式

心のエネルギー＝目標×(熱意)の２乗

説明しますと、目標が大きければ大きいほど、大きな心のエネルギーが必要です。また、その目標に対する思い入れ、熱意が大きいほど、熱意の2乗に比例して、心のエネルギーは大きくなります。

□心にはポテンシャルエネルギーがある

ポテンシャルエネルギーとは潜在エネルギーのことです。物理学では「位置エネルギー」と言われます。例えば、高いところにあるものほど大きく、低いところにあるほどそのエネルギーは小さくなります。

心のエネルギーは目標が高いほど大きなエネルギーが必要になります。

日常生活の中で心のエネルギーは、大きくなったり小さくなったりします。感情が高ぶったときは大きく、意気消沈しているときは小さくなってしまいます。

季節の行事であるお祭りには、高ぶった心のエネルギーを燃焼させる働きがあり、人類の慣習ではありますが、理にかなったものであると思います。

オズからのワンポイントアドバイス・第5章

自分の心を操縦するためには、つまり、自分の心のハンドルを自在に切れるようにするには、自分の心のハンドルがどういう状態にあるかを認識できるということが、まず必要になります。

岡目八目という言葉があるように、第三者には、当事者よりもかえって物事の真相や得失がよくわかると言われます。また、台風の位置を知るためには、台風の目から離れること。そうすることで、台風の位置が正確にわかるようになります。喜怒哀楽の渦に入ると、自分がわからなくなります。

自分でいて、自分から離れること。かなりむずかしいですが、自分なりにコツをつかめるようになると、習慣的にできるようになります。まず、ちょっと、ヤバイなと思ったら、深呼吸するといいですよ。巻末に心の観察という付録がありますから、それをもとに、自分の心の状態を観察するとよいでしょう。心のバランスを常に心がけることが大切です。

第6章

透徹した眼を持つ

あなたが考え、行動するために

□透徹した眼は哲学・思想に勝る

いくつかの崇高な哲学・思想よりは、この世の奥底まで見通せる澄んだ眼があれば、何もいらないのだと私は思います。他人の作ったものは基本的にあらゆる人々に当てはまるわけではありません。その人個人にはその人なりの処方箋があります。お仕着せの、既成服ではぴったりとフィットしないのです。澄んだ眼、一言ではこう表現されますが、それには条件があります。

□個人的先入観が捨てられること

個々に持って生まれた性格、個人の置かれている環境、個人がどんな状況にあっても、フリーな状態の精神でいられること。どんな感情起伏や肉体の変化を受けても、影響を受けずに物事を冷静に見つめられることが必要です。

□物的欲求が極力少ないこと

金儲け、名声、地位、肉体的欲求などの物的欲求よりも、目に見えないものの価値がわかり、自らの命をかえりみず我が子を救うの一心で、燃え盛る家の中に飛び込む親のように、無意識でそうした行動が取れること。究極には自分の命を捨ててまでも、守らなければならない重要なものがあることがわかり、行動ができること。極めれば、これは聖人の領域です。その何十分の一かから始めるのがよいでしょう。

これらの金儲け、名声、地位、肉体的欲求などは透徹した眼を曇らせるばかりです。極めていけば聖人と呼ばれる人たちの世界になります。凡人の私たちは、ほんの少しだけしか達せない領域です。だから何十分の一かを目指すのです。

□思考に深みがあること

物事の原因を突き止めるのに、常に本当の原因は何かを突き詰めようとする勇気、知恵、忍耐、心の豊かさがあること。

簡単に言えば、すぐあいつが悪いんだというような個人過失を問うのではなく、あの人がそういう行動を取ったのはなぜか、その行動を取らせた要因は何か、そういう状況に至ったのにはほかに原因はないのか考えることです。例えば、相手が自分の部下なら、またはは自分の子どもなら、そうさせたのに自分に原因はないか、自分の不利を度外視して考えられるかということです。考えている自分を客観的に見つめられるかということです。

□原因を一元化しないこと

物事は一つの原因で起こるのではなく、いくつかの原因が絡み合っているものです。一つ見つかったからといって、安心して思考停止するということには、真の原因を見失う危険性があります。

人間が陥りやすいこととして、短絡的に早合点して、その原因を見つけた気になってしまうことがあります。感情が入りやすいのと、どうしても楽をしてしまう傾向があるからです。

また、物事は往々にしてたった一つの原因だけで結果に結び付くという、単純な形で成立しているわけではありません。

□人格を鍛えること

人格者という言葉がありますが、その理想的な人格者というものにどうやったら近づけるのでしょうか？　人格者の条件について、いくつか私が思いつくものをあげてみましょう。

1．細かなことに拘《こだわ》らない。

2. 大人である、よく人間ができている。
3. どんな人の悩みを聞いても、アドバイスしてやれる良き相談相手。
4. 賢く、君子であり、聖人に近い。
5. 自分の利益・損得よりは他人の、人民のために生きる。
6. 現世の損得に拘らない。

□ I (ai)のつく大事なもの

Information《インフォメイション》　情報。人間の行動の源泉になるもの。情報処理には選択、抽出、再構築などがある。それは人間の能力そのもの。

Inspiration《インスピレイション》　啓示。知識と知恵に行きづまったらこれだ。

Innovation《イノヴェイション》　革新　↓　既成概念を超える。人間は成長しなければならない。

Identity《アイデンティティ》　同一性↓自己確立。自己の哲学の確立ができないと、操り人形となる。

Imagination《イマジネイション》　想像力。自己目標のゴールを描く。

この五つのⅠ（ai）でブレイクスルー（飛躍的進歩）がもたらされるのです。

オズからのワンポイントアドバイス・第６章

コップの中に入っている水を思い浮かべてください。このときには水は澄んでいますから、コップの向こう側はよく見えます。

それに塩でも砂糖でも入れて混ぜてみます。濁りが生まれます。この濁りのときは、コップを通して向こう側は見えませんね。しかし、澄んでいたときには、しっかり見えたはずです。透き通るとよく見えるのです。

同様に、心が澄んでいることは、この透き通った水にたとえられます。心の濁りは度を過ぎた欲求から生まれます。少しずつその濁りである欲求を減らしていくと、水が澄むように心が澄んできます。澄んでくると、その心を通った物事や世の中の姿が正確にとらえられるようになります。正確にとらえられるので物事や世の中の姿がよくわかるし、どうしたらよいのかが理解できるようになるのです。

第7章

世の中を知る

あなたを取り巻く環境について

□大自然、宇宙からの類推

大自然、または宇宙を見ていると、いくつもの言葉が浮かんできます。完全、完璧、精巧、緻密、秩序、物凄い、善悪なし、隙き間がない……。すばらしくよくできていると常々感心させられます。それゆえ、自然や宇宙のありさまは神業としか考えられないものです。また、その大自然、宇宙のこの地球で育った人間もまた、それに匹敵するほど完成度の高いものです。完成度は高いが、完璧ではなく、精神、心の状態はなんと不完全、欠陥だらけかと言える面が多く見受けられます。この差はいったい何なのでしょうか？

□視覚の判断が優先される

人間が不完全な原因として真っ先に考えられるのは、一般的に「視覚の判断が優先される」「見たままの姿が判断の中心となる」ということです。

基本的に外観だけでその物の本質は理解できないものです。それは、物質という枠から逃れられないということに置き換えられます。精神とか心とかがあることはわかっているものの、曖昧な状況しかわからないのです。

つまり、精神や心のことは人間には完璧に理解できていないのです。理解できないようになっているのです。

所詮、物質しか見えない人間に、心や精神、魂を理解させようとしても無理なことです(正しい宗教がこの世に成立しないのもその影響)。だから、みんな勝手なことを言っているのです。

□この世は邪悪な想念で満ちあふれている

悲しいかな、この世は嘲笑、侮辱、あざけり、悪意、憎悪などの想念で満ちあふれているように私には思えます。この精神的傾向はもう何千年も引き続いて受け継がれてきたもののようです。一つには、物質的な物や精神的対象物を多くの人間が奪い合うことにより、発生してきたものと考えられます。それは、物質的には衣食住に関わる食料・金銭・土地、精神的には地位・名誉・名声でしょうか。それを得た者に対して、得られなかった者は嘲笑・侮蔑・あざけり・悪意・憎悪の感情を持つことがあります。要するに、自分よりも良い思いをしている者に対してのねたみです。

類似の表現では、「シャーデンフロイデ」というドイツ語の表現があります。これは、自分が手を下したわけではない他人の不幸・失敗を見て喜ぶ気持ちです。

□恐怖心、残酷、残虐という想念

肉食動物が草食動物を食うことは、ただの食物連鎖や生命の営みと考えれば自然の摂理です。また、人間が他の動物や植物を食べるのも、単に当たり前の姿であると考えることはできるでしょう。このような一つ下の種《しゅ》を食することは、その種が生存するための欠くことのできない行為です。つまり、一つの種の生が下の種の死によって成立しているところに、この不幸の始まりがあるのです。これはもはや、どうすることもできないのですが。

そして、この人間の一つ下の種までに納まっていればよいこの一連の行為が人間にまで及んだときに、多くの悲劇が生じるのです。恐怖・残虐・残酷の感情、これらはすべて、死を連想させる表現です。この残虐な想念が地球に蔓延しているように思えます。

草食動物が草木を食べるのには恐怖心、残酷さ、残虐さを感じないのはなぜでしょうか？　宇宙のどこかにライオンや虎、ハイエナが草を食べるような世界が存在するのでしょうか？　そのような世界になったならば、残虐な想念は地球から消えるのではないでしょうか？

□甘い幻想は捨てろ

甘い幻想は捨てろ

あらゆる人々を助けるとか、愛は世界を救うとか、
すべて限界があるのにあたかも叶《かな》うかのごとく甘い夢で
年端《としは》も行かぬうら若き青少年を惑わすのは、もうやめてくれ。
多くの乳幼児や多くの民族が死に直面し、
何の助けも届かずに
死に絶えていくという現実、
如何《いかん》ともしがたい出来事。
飢餓や病気、地殻変動や災害におびえざるを得ないのが
この地球という星の姿である。
その哀れな多くの現実は何を物語るのか。
何を我々に悟らせようとするのか。

（筆者作）

□地球という星

地球という星

多くの生き物を育《はぐく》んできた地球にとって
人間は最後に生まれてきた大変かわいい子どもだった。
道具はもちろんのこと、自分で考え、
思想なり、精神という
形のないものまで造ってきた。
これからどんなに成長していくのか
地球にとっては楽しみであり、
仲間や親戚の中では自慢の種だった。

でもかわいいのは初めのうちだけだった。
今では他の生き物を必要以上に殺害するやら、
自分たち同士で殺し合うやら、
とんでもないことまでする。

それに親である地球の命さえ危うくするような
破壊力をもった爆弾まで作ったりする。
今となっては、子どもというよりは、
人間は癌細胞のように地球の体をむしばんでいる。
地球の持つ、天変地異という自浄作用で
地球は自分の体を保っているが
いつまでもつかわからない。

人間が自滅するのか、地球が人間を滅ぼすのか。

地球が自らの自浄作用で人間を滅ぼす前に
人間は地球を守らなければならない。
（筆者作）

□真理の大海原

一個人、いかなる大天才であっても、その力は大いなる真理の大海原から見ればどれほど非力か、言うまでもありません。

それゆえ、どんな思想も、いかなる哲学も、それが作り上げられている自らの内部の骨格、その肉付け、すべては大海の一部でしかなく、人間世界、地球を含む、宇宙のすべてを網羅することは不可能なのです。

ゆえに、いかなる哲学、思想、宗教も真の意味で成立するためには、自らの存在と共にそれ以外の存在を容認せざるを得ない、つまり、自らを否定せざるを得ないのです。

ニュートンが、人類を真理の海原の前で砂いじりをしている子どもと言い、パスカルも数学と物理学を極めた後、神秘主義、錬金術に陥らざるを得なかったゆえんです。

補完するという言葉がありますが、どんなものでも、何であっても、この世の中で成立するために両極を備えることは、ある意味で重要なことと考えられます。

□宗教の呪縛《じゅばく》

日本国民の多くは、一つや二つの宗教団体に属しています。属していなくとも、親兄弟は誰かしら特定の団体に入っていて、多かれ少なかれその影響を受けているのではないでしょうか。

さて、現在の宗教のどこに呪縛《じゅばく》があるのでしょうか？

1. 閉鎖性
排他性とも言える。よそものを認めない。自分のところが一番とし、他は邪道とする。

2. 御利益主義
基本的にお金や利益という世俗的な報酬を求める。教祖が信者に要求する場合もあるし、信者は見返りを求めて入信する。病の回復や健康をお願いすることもある。また、死後に天国、極楽に入りたいがゆえに入ろうともする。

3. 反進歩性
変化を嫌う。知識も考え方も古いままで、新しい考え方や別の良い方法があっても昔からの慣習にとどまり、進歩しない。

4. 教祖主義
教祖の言ったことは絶対だとし、そのまま鵜呑《うの》みにする。自分で考えようとしない。考えているように見えるときもあるが、教祖またはその団体の考え方に同調しているだけで、自分の頭で考えているのではない。たまに自分で思考し始めて、教祖や団体と外れてしまった結論になるとドギマギする。

□科学の呪縛

基本的に現在の科学は二十一世紀という過渡的な時代のものであり、これからもどんどん発展してゆくものです。また、科学は万能と人は言うのですが、どこが万能なのでしょうか。この世には未だ不可能なことが山ほどあります。そして、すべての世の中の現象を現在の科学理論では分析・解明できているわけではないのです。そのことを十分認識する必要があります。私たちの科学は不完全なまま成長している子どもみたいなものなのです。

したがって、「この科学万能の時代に……」とか、「科学的に考えられない……」とか、「それはできないと科学で証明されている」などの発言は、良識的な、真摯な科学者の言葉とは考えられません。かつてノーベル賞を受賞された湯川秀樹博士が、超能力という未知の世界を否定した科学者たちとは一線を画して、超能力者たちに理解を示した逸話を思い起こします。

科学者ばかりでなく、一般の人々も、謙虚に、新しい物事を、未知の物事を見つめるべきです。

□常識の呪縛

基本的には目に見えるものしか信じないという、もうお話にならないくらい頭の固い輩《やから》があまりにも多すぎるということです。目に見えない小さいものや、人間に見えない波長の電磁波が存在するということは今や常識です。

多くの未知のことや信じられないことも、人間は体験や実感することにより理解できて、信じられるようになります。自分の目では見えない風邪のウイルスも顕微鏡で見たり、自分が風邪に罹《かか》ることで、ウイルスの存在を理解することができるようになります。

また、ラジオやテレビの電波は見えなくとも、ラジオやテレビを聴いたり観たりすることで電波の存在が理解できます。体験や経験は人間の理解することにとって大切なことです。

しかし、この短い人生の中で、この世の中の多くの出来事や現象をすべて体験したり経験したりすることは不可能なのです。体験できないものは信じられないという人間は、なんと心が狭いのでしょう。知的レベルの低い、まさに生きた化石と言えるのではないでしょうか。

有名な評論家である小林秀雄氏は、不思議なことを信じないインテリ・学者・知識人たちをひどく嫌ったと言われています。

□習慣思考の呪縛

「この世の中は金だ、金だ」も困った考え方ですが、何でもかんでも感謝することや勤勉や努力が大切で素直が大事などなど、通常考えられている良いことも含め、習慣的に考えられていることが思考停止・思考の循環・思考の定期便化を生み出していることに気づいてほしいのです。人間は常に考え、常に新しいことを目指さなければ成長しないのです。

これは古き良き精神を否定するものではありません。さらにより良い世界を作るには、思考停止などを人間は避けるべきと私は考えています。考えの枯渇、それは生きた人間のミイラ化です。

□いじめは永遠に存在する

いじめが存在する要素として、ここでは三つ挙げたいと思います。

一つ目に、人間は不幸にして、他人が困っているのを見て面白いと感じるのです。困っている人がいれば助けてあげたいと思うのと同時に、愉快にも思うのです。

二つ目に、人間（自分）には好き嫌いの感情があります。好悪《こうお》の感情はその人間（相手）が存在する限り、人間（自分）の心の中に発生します。ときに心の中にあるその感情は行動になって表現されます。「あの人、嫌い」という思いは、その嫌う人物に対して攻撃する行動を取らせます。

三つ目に、人間は集団を作ろうとする性質があります。同じ気持ちを持った者同士が集まり気持ちを共有し合う、話し合ってうなずき合おうとします。この仲間の一員であることを有意義に、また、愛しく思い、この仲間から離れたくなくなるのです。

いじめは多数対一や一対一、多数対多数の形態を取るのですが、この三つの要素のいずれかが存在する限り、いじめは生まれるのです。このどの要素も人間から切り離せないものです。それゆえ、今の人間社会ではいじめはなくならないのです。

□メシア化している宗教には注意

日本には多くの宗教団体があり、皆さんもそれらに属しているかもしれません。そこで、皆さんに特に気をつけてほしいのは、教祖の人格が低レベルで、メシア化している宗教だとしたら、入っていてどんなにいろんな福があったとしても、すぐに脱会するべきです。そのような宗教は遅かれ早かれ破滅します。理由は簡単です。なぜなら、進歩しないからです。

では、なぜ進歩しないか。特定の個人に支配されている場合、よほどの賢人でなければ人間としての過ちを犯すからです。ですから、何人かの複数の者がその団体の指揮権を握っているほうが、ときに道を過っても修正が利くのでより良いのです。

しかし、私は特定の団体に深く従属するのはやめたほうが良いと思っています。この三次元の物質や肉体に影響を受ける人間が運営するのですから、清く正しい宗教が成立するには難があります。それは前述の宗教の呪縛で述べたような危険性をはらんでいるからです。主導者たちが真の神ならば問題は起こらないでしょう。

□親子のあり方

理想的な親子のあり方とはどんな状態を言うのでしょうか。結論から言えば、それぞれが一個の人間として自立した上で、互いに尊重し合い、助け合って生きることができる関係であると私は思います。口では簡単に言えますが、一般的にはむずかしいものです。さてそれはどうしてでしょうか。

それはお互いが相手を自己の所有物のように認識しているからです。親は子に対して自分が産んだ子だからといって、自分の一部のように錯覚します。そして子どもを溺愛し、それが高じてくると、悪事をした子に親が味方をするという現象が起こってしまいます。

逆に子は親に対して、自分を産んだ親だから、いつまでも自分の面倒をみてくれるものと錯覚します。そして、成人してもなお定職につかず、親のすねかじりをして甘えています。

では、どうしたらよいのでしょうか。それには親と子は別個の人間であるという認識を持ち、独立した人間同士は相手に対し必要以上の愛情、執着という心情を持たないことです。

この心情は、夫婦であれ、恋人同士であれ、友人同士であれ、互いの人間としての成長を阻むものです。

人間同士は適切な間隔で、自分の足で立たなくてはなりません。近くにいると、植物のように互いが陰になって、日が当たらなくなります。

そして、必要以上に相手に要求しないことです。食事は腹八分目が健康に良いのと同じです。

□人を判断する

大概、人は人情に厚い人を人間味あふれる人として好意的にとらえますが、本当にそうでしょうか。私が思うところ、「人情に厚い」は、「感情的な」と紙一重なのです。ほとんど一致すると言ったほうが妥当なほどです。逆に、ちょっと冷静な人は「冷たい人」と言う。これはあまりに日和見的な人の判断の仕方ではないでしょうか。

基本的に人間が他の人間を評価する場合、自分が好意を持っていれば良い評価がつくし、好意的でなければ評価は悪くなります。その人がいかに、評価する人に対して何らかの利益をもたらすか否かが、分かれ目なのではないでしょうか。

よって、自分が人を判断する場合、注意しなければ、自分の持っている色眼鏡により相手の本当の姿を見られなくなってしまうことが多いものです。他人が人を判断する場合や人の評価（うわさ）を聞く場合、判断する人自身の色眼鏡により、本来の評価された人の姿を誤って見てしまう可能性が高いのです。

自分が人からどんなふうに見られているかも、本当の姿とはかけ離れた別の姿が他人の目には映っていることが多いのです。そんな不正確な他人の評価なんか気にしないでください。自分の思うところを進めばいいのです。大事なことを忘れなければ大丈夫です。

さて、大事なこととは何でしょう。簡単で、大変むずかしいこと、それは謙虚さです。人の意見を聞くことのできる心の広さです。心の容量の大きさです。謙虚ささえ失わなければよいのです。

他人の批評を十分聞きましょう。そして、非のあるところは是正しましょう。それは、自分を切り刻むように大変辛いことで、誰もしたがりません。それをできる人間こそが、人の評価をものともせず、自分自身の道を切り開ける、真の意味で強い人間なのです。そして、成長する人間とはこのような人をいうのです。

□高齢化問題

高齢化社会の問題とは何でしょうか。まず、日本国家については、①国家財政を支える労働人口をどう確保するか。高齢者個人については、②高齢者が明るく、生きがいを持って老後を生活できるか、また、③要介護者に関する労働力をどう確保するか。以上の三つが考えられます。

①国家財政を支える労働人口の確保

国会で決められている国家財政の内訳が本当に妥当と言えるのか検証しなければなりません。価値のない使われ方をされていないか十分吟味する必要があります。本当に必要な公共施設か、使われることのない公共施設ではないのか、住民がよく観察するべきです。

次に、良質な労働力を得るために、心身が健康で能力のある高齢者については退職後も就業できるような制度を作るのが必要だと思います。企業においては、職務遂行能力があれば、定年以降も勤務できる体制が望まれます。少子化により、国家財政を支える労働人口が減少すると言われていますが、子どもが少なくても十分支えていける社会環境、精神的状況を作っていく責任が国民にはあります。半面、平成不況下の企業倒産による失業者の増大に対し、その社会保障を考慮する必要が出てきます。一部の企業では、安価な労働力を得るために外国人労働者の就業を可能とする法制度改革の必要性が生じてきます。これには滞留許可の問題を含めて考えなくてはなりません。

このプラスとマイナスをいかにバランスよく組み合わせられるかが行政の責任であり、これは政治をする者とそれを選ぶ有権者の見識にかかっています。

②高齢者が明るく、生きがいを持って老後を生活できるか

まず、個々の人間が正しい人生観を持つことが重要です。命に対する正しい認識が必要であると思います。人間が生きるとはどういうことなのか、人間の生命とはどんなものなのかという認識を、個々の人間が理解していなければなりません。

命が自分のものではなく、一時的な借り物でしかないという正しい認識に立たなければならないと思います。その観点に立つとき、物質文明の利点とその弊害が理解でき、人間の精神はどうあるべきかわかるはずです。

有限な命のある間に自分が何をすべきか、自然にわかってくるものです。命は短いのだ

から無駄なことはいつまでもできません。今のうちに何か人生に残したいのなら、自分のこれまでの人生を綴った自分史でもいい、思い浮かんだものを絵にするのでもいい。自分がこれはやりたいというものが自然と見つかるはずです。

芸術家や自由業など生涯続けられる仕事でなければ、それが、生涯かけて打ち込める趣味、余暇を過ごす術《すべ》となるのです。つまり、職を失ってから探すのではなく、若い頃から、自分が仕事以外に打ち込める趣味や余暇を過ごすために何をしたらよいか、日頃から考えて習慣化しておくべきなのです。

③要介護者に関する労働力の確保

インドに旅行したある高校教師は、旅先で日本の高齢化問題への思いが吹っ飛んだといいます。なぜなら、インドでは複雑な身分制度に縛られ、すべての人がまともに食事が得られるわけではないからです。その日が生きられれば十分で、日本人のように必要以上に物質的な金なり、物を欲しがることなど考えられない状況にあります。それでも彼らは人間らしい生活を送っているのです。動けなくなったら、食べられなくなったら、死ぬのは至極当たり前のことなのです。いかに長く生きるかという延命行為だけが目につく、生きる質を問わない今の医療行為に問題はないのでしょうか。

また、すべてを行政任せにするのではなく、自助努力を含め、各家庭の親子、親族、兄弟が欧米流の核家族化を志向するのはやめて、アジア流の大家族制をもう一度考えてみる時期に来ているのではないでしょうか。なぜなら高齢者の介護は、親が自分の子どもの面倒をみるのと同じだからです。親の面倒を子どもがみるのは、この世に生まれ出《い》でてきた人間とその家族の責任問題であると思うのです。

高齢化問題について述べてきましたが、何事にも言えることですが、人間のやることについて、すべて完璧な解決策を望むのはやめましょう。ほどほどのところで妥協するのが肝心です。今までずっとできていないのに、急に人間の心も、この世界も変わるわけがないのです。

オズからのワンポイントアドバイス・第7章

人間が自然から学ぶことは多いです。

飛行機は空飛ぶ鳥をヒントに技術革新したものです。そう考えると、自然または宇宙に存在するものをヒントにすれば、何でも人間は作り出すことができるでしょう。

だからといって、自然の弱肉強食を人間社会にそのまま持ってくると、とんでもない世界になります。そのことを理解しながら、自然からいろいろなヒントをもらいましょう。迷ったら自分を見つめ直すと同様に、自然を見つめ直すのも一考です。

第8章

人間を知る

人間と社会の理解のために

□人間が共同で生活していくためのルール

人間社会のルールはいくつかの基本的なもので、例えばモーセの十戒のような「殺すな、盗むな、姦淫するな」などのほか、「親を敬え、兄弟仲良くしろ」などと言った当たり前の事柄です。でも、今ではないがしろにされやすいものです。多くの歴史のある国々では、このようなルールの継承である「躾《しつけ》」がきちっと子どもに行われています。これは、キリスト教なり仏教なりの宗教が伝わる以前、人間が誕生してから、必然的に必要となったものです。なぜなら、それがなければ多くの人間が共同生活できないからです。

□人間の基本ルールが守られない社会は混乱する

社会は大人が作り、それを子どもがまねをします。今、基本ルール＝躾がなされていないため、子どもたちは何が大切なのかわからなくなっています。

子どもたちは自己主張が強く、自分自身が良ければそれでよいというふうに育っています。多くの人間が個々の自己の欲望のままに生きていたら、社会が混乱するのは当然の成り行きです。精神の中に何か芯になるもののない人間社会は、混乱の後、自滅していきます。

□今、何を子どもに教えるのか

かつての天皇制や教育勅語、儒教を今の時代にもってきても誰も受容しないでしょう。しかし、その中の一部は本当に人間の基本ルール＝躾を含んでいます。

基本的なものは、自分の取り巻きに関することです。親、兄弟、友人、地域社会の人々、自分の国に住む人々、そして別の国の人々と共存するには、①自己を大切にすると同様に他人も大切にする、②明るく住みよい社会を作ろうと皆で努力する、③思想・宗教・民族の違いは理解して共存する、ということが必要ではないのでしょうか。

この地球で殺し合って自滅するのですか？　それとも共存して、今後も未来永劫、人類の歴史を刻んで生きていくのですか？　多くの人間が共存していかなければならないのが、この星に生まれた者の宿命なのです。

□人間はほとんど思考していない

人間の思考を分析していくと、その内容は、習慣的に思考がパターン化しているように見受けられます。また、考えているといっても、頭の中で思いを巡らしているにすぎないようです。それも自分のものではなく、人の意見に沿ってです。対象に対して、他の人間が作った思考のパターンに沿って思いを巡らしているだけです。

特に日本人はその傾向が顕著ではないでしょうか。自分たちの良さ悪さが自分で判断できないでいます。西洋の価値観をそのままで、あたかも金科玉条のように受け入れられるようです。

□なぜ、日本人は自分で考えないのか

歴史的要因として、日本では初期は中国、朝鮮から、最近までは西洋から文化を取り入れてきました。取り入れた文化は表面だけのものまねでしたが、自分たち流に消化して、自分たちの血や肉にして自分のものにしてきました。

また、その地理的、風土的要因より自然に抗するのではなく、順ずる。抵抗ではなく、順応してきました。お上《かみ》のいうことに逆らわず従順に従うといった傾向が見受けられます。

自然も支配者も温和であり、黙って任せておいても衣食住に困ることはさほどなかったようです。そのため人民は自ら考えて、自分を取り巻く社会を大きく変革する必要はなかったのではないでしょうか。

□西洋人はなぜ考えなければならないのか

一方、西洋のスタイルは、強いものに抵抗することです。自然と闘う、国王と戦う、外国の勢力と戦う。キリスト教やイスラム教の唯一神に象徴されるように、その精神は絶対的な単一の色彩を持ち、融合ではなく、根本から変革を要求します。何もかもが白か黒かをはっきりさせる傾向があります。

よって、その色に染まらぬ者は抹殺される運命にありました。その宗教に見られる特色は絶対の服従であり、異教徒は完全なる敵です。常に異教徒や異民族との抗争がその大方の歴史を作ってきました。

彼らには、常に精神や宗教について考えなければならない精神的土壌が備わっているのです。

□人間同士が共存できる社会を目指す

私の考えでは、この世の中の種々の事柄について、

「人間が介在するものは断定することができない」

また、

「人間以外のものについては断定することができる」

以上の二つのことが言えるのではないかと思います。

なぜこのようなことが起きるのでしょうか。一つに、人間には心というものが存在するためです。この心というものが変化に富み、いつも一定でないためだと思われます。

二つには、人間の持つ視点というものが多数あり、個々の人間によってその観点は異なっています。つまり、人間の持つ観点によって是にも非にもなるということになります。

例えば「宗教はアヘンである」という言葉があります。これは、宗教によって人間は人間が生まれながらにして持っている、自分で考え、自分の責任によって行動するということができなくなり、あたかもアヘンを吸うかのように自分自身を見失ってその恍惚《こうこつ》とした感覚に溺れてしまい、人間としてなすべきことができない、というような意味です。

大多数の科学者はそのとおりと言うでしょう。しかし、宗教家の多くは「宗教は人間を幸福に導くものである」と反駁《はんばく》すると思われます。

このように人間の心とその人間の観点によって、人間に関する言葉、諺《ことわざ》は是にも非にもなるのです。

であるからこそ、私たちの心構えとして、反対意見に対して寛大になりましょう。反対意見や反論や異論は、必ず存在するのですから。そして、どちらかに決めなければならないときが場合によってはあります。その時は民主主義の基本原理に沿って多数決で結論を出さざるを得ないでしょう。とかく、人間はどちらかに決めなければならないと思ってしまう傾向があり、自分の意見や持論をやっきになって、あたかも命がけのように守ろうとしますが、そこは大人になって、反対意見の存在を謙虚に認めましょう。

今後の世界は種々の人間、宗教、信条、国家、民族が共存していかなければならない世の中になっていきます。これは同じ地球という星に生を受けた者の宿命なのです。もう一つ付け加えると、これらさまざまな違いを争うのが、この星の住人の宿業なのかもしれませんが。

第１章の終わりにも書きましたが、本当に幸せな人生とは、ものごとを多角的に見て他人に左右されず、己が心を制して自分本来の良いところも悪いところも素直に認め、ありのままの自分を大切にするところから見えてくるものです。そして人間は、同じ地球に住む者同士、相手を自分と同様に平等に思いやり、寛大で謙虚な心で共に歩んでいきたいものです。

オズからのワンポイントアドバイス・第8章

人間社会でより必要なことは、より多くの人間が快適に生きていけるような社会を作ることと思います。しかし、これは、少数派を除外することではありません。少数派も共に共存できる社会が正しい社会です。

理想はそれ自体、目標として掲げるのは必要ですが、理想は人間でいうと精神のようなものです。そして、肉体は現実社会のようなものです。現実社会からかけ離れた理想はときに人間社会に大きな問題を起こします。〇〇主義に心酔していった人間たちがとんでもないことを起こしてきたという歴史を、よく認識しておきましょう。

あとがき

この草案をつくってから三年の月日が流れ、やっとまとまりました。サラリーマン生活の傍らで、日頃考えてきたものを少しずつ書き留めたものです。これは、私自身のライフワークの一つで、なんとか人生にかかわる思想を表現できたらと思っていました。

人生を歩んできて思うことは、自分の心が良きにつけ悪しきにつけ、自分の人生に影響を及ぼしているということです。同じことでもこの心の関与次第で、あらゆるものが月とスッポンの諺《ことわざ》の如く変貌してしまうのです。

ならば、この心という代物《しろもの》を自分で好きなように料理すれば、人生がいかようにも美味なるものに変貌するのではと、私は考えました。その一案を提案するのがこの書物です。

私は、あらゆる人の人生はいかなる姿にせよ、何ものにも代えがたく、尊重されるべきと思っています。

皆さんも透徹したご自分の眼で、この世の中とご自身をご覧になり、可能な限り、ご自分の人生を真の意味でご自分のものにしてみませんか？

追記

この本を多くの人に読んでもらいました。また、自身の公開講座で話してきました。もちろん、いくつかに対しては賛同してもらえましたが、異議を唱えられたところもあります。この本に書かれたことは私の哲学であり宗教です。私自身が自分で生きていく上で必要であった、生きていくためのコツでありテクニックです。

ですから、簡単に皆さんにフィットするものではありません。皆さん個々のオーダーメイド仕様があって当然ですし、それらは皆さんがこれまでに作り上げた宝物であり、素晴らしいものです。この本がきっかけでそのことに気がついてくだされば、それは私の本がもたらした皆さんへのプレゼントとなるでしょう。

よくよくこの本の中身を私なりに解釈してみると、徹底的に究極なまでに自分自身を深掘りする内容になっていました。両極は一致する。自己愛の究極はなんと博愛に転ずる。もともとは博愛を説いていたのですが、逆になりました。副題につけておきましたが、この本はむしろ、巷にいる一人よがりのナルシストやお一人様にとっては、ある意味さらにレベルアップ、もしくは一皮むけてしまう道しるべになるかもしれません。ともあれ、これが私自身に得られた自分への贈り物となりました。

最後に、皆さんの人生がさらに充実すること——これこそが私の願いです。ご自分の人生を謳歌してください。この本がそのヒントになりきっかけになれば幸いです。

付録1

心の内面の観察／管理

＊自分の心が変化する原因を突き止めていく（「なぜ、なぜ」を繰り返す）ことにより、心のハンドルを切り替えるヒントを探す。
＊中立的、客観的、第3者の視点、透徹した心の眼を持つことにより真の原因が見えてくる。
＊最終的に重要なことは、自分の心のプラスとマイナスのバランスを自分で意識してできるようになること。

	事実 何がどうした(どうなった)	原因1 なぜそう思うか	原因2 それはどうしてか	反論（反対）はないか 中立／第3者の視点では
[プラス] 明るい 楽しい うれしい 驚き 快 喜	例. 1）子猫（犬）が生まれた	かわいい 癒やされる	害を受けることがない	爪をたてられる(噛まれる) 鳴いてうるさい
	2)			
	3)			
	4)			
	5)			
[マイナス] 暗い つらい 悲しい 怒り 不快 哀	例. 1）親(子)と対立した	親（子）が悪い	親（子）の言うことは 間違っている	自分にも落ち度はある
	2)			
	3)			
	4)			
	5)			

付録2

標語：あなたを元気にするために、心を強くするために

1	何が何でもプラス思考。 前向きに。ポジティブシンキング。
2	努めて忍耐、我慢。 世の中、不条理なことばかり。どう抑えるか、我慢しかない。
3	落ち込まない。 落ち込む理由は？　何が原因か究明する。
4	いろいろ気にしない。 小さな心配は大きな心配に隠れる。
5	視点を変えてみる。 立場を変える。自分と違う人の見方なら……。
6	ちょっとだけ大人になる。 同じ土俵に乗らない。
7	人を責めるのはほどほどに。 自分が同じ目に遭う。他人は自分の鏡。
8	恐れないこと。そのことで命を取られる心配がないなら、きっとできるはず。
9	どんな辛いことも時が解決する。時間が経てば、忘れるもの。 いつまでも悲しんでいても、そんなあなたを誰が喜ぶのか。
10	無苦集滅道（般若心経）。 苦しみをなくす方法はない、なぜなら苦しみは存在しないからだ。
11	毒を吐く人間の真似をするな。 毒を吐く理由は、毒を吐かないとメンツが保てないから。
12	事実（現実）に対して感情を入れない（入れるから苦しむ、悲しむ）。 事実（現実）からの逃避ではない。そこにあるのは事実（現実）である。 感情を入れる入れないはその人間次第。

著者プロフィール

リカルド・オズ

本名　小澤　光（おざわ　ひかる）

昭和33年　山梨県生まれ
山梨大学工学部卒
電子部品製造会社品質保証課に30年余り勤務、会社解散により離職
現在、地元ボランティア活動と親の介護で日々を過ごす
昭和60年　「ふじ読書会」会員（＊）
平成７年　同会主宰
平成８年　同会は「新世紀を語る会」に改名（＊）
平成20年　市民自主企画講座講師となり毎年講座を開催する
平成27年　同会は「わかろう会」に改名（＊）、主宰から会員となる
令和元年　同会は「おしゃべりサロン令和」に改名（＊）
上記４会とも月一回開催するディスカッションの会
現在に至る

己が心を制する者はその人生を制する
鬼極めの「ナルシスト」と「お一人様」に贈る禁断の書

2019年８月15日　初版第１刷発行

著　者　リカルド・オズ
発行者　瓜谷 綱延
発行所　株式会社文芸社
〒160-0022 東京都新宿区新宿1－10－1
電話 03-5369-3060（代表）
03-5369-2299（販売）

印刷所　株式会社フクイン

ISBN978-4-286-20681-3